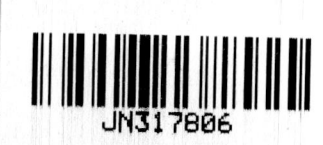

聖護院

大峰・葛城の行者

中 淳志 写真集

Photographed by
Naka Atsushi

東方出版

まえがき

「しょうごいん」と表現すると柔らかいが、「聖護院」と書くと少々かたい。そんな二つの面をうまく表現しているのがこの写真集といえよう。

聖護院は、もともと聖護院宮の住居としての機能を中心にした建造物で、明治期に少々の変化はあったが、小ぢんまりとしてみやびな雰囲気があるのが「しょうごいん」であり、四季の順にレイアウトされている院内の行事にはそうした特徴が現れている。いったん外へ出ると修験道の装束、鈴《すず》懸《かけ》から受ける視覚もなかなか厳しい雰囲気をよく表現している。

今の聖護院の宗教的生命は修行にある。掃除や読経も死ぬまでが修行であるのだが、視覚的な面からは省略せざるを得ない。修行は個人的には火渡りや滝行も行うのだが、教団としての年中行事では山が中心になってくる。江戸時代には葛城修行は一ヶ月近く、大峰修行は五十五日だったのが、現在はそれぞれ三日と六日に短くなった記録がこの紙面を飾っている。行場では緊張が、山頂では声が、悪路では荒い息づかいが聞こえてくるようで、なぜ毎年のように同じ修行をするの?という声もときおり聞こえるのである。

もともと古代の山岳信仰から発した修験道は、山の神は祖先の霊魂が留まって神となり、仏教化して曼荼羅諸尊と変じたと観じており、山に入り仏の胎内にはぐくまれている実感を味わう人もある。また、亡くなった人への思いを抱いて回向登拝する者もある。こんなに辛い山には二度と行かないと言いながら、時期が来ると体が動き出す本能、回帰性だろうか。健康の確認のためにトライし続ける人。自分の中から涌き出す力を期待して参加する。千差万別である。

山中での山伏の祈りは、里に降りてくると庶民の祈りとなる。京都には沢山の祭りがあり、山伏の関わるものが多い。聖護院の近くの神社をはじめとして、縁故の宮が祭礼で山伏のご祈祷を受ける、他の宗門の寺々で護摩を焚く、そして寒行では年一度の山伏の来訪を待ち受ける家が数千軒もある。祈りは私のものではなく山伏を取り巻いている人々と一体のものであることを写真が示している。それが「聖護院」から「しょうごいん」への変化であり、まえがきの筆者には嬉しいことである。

本山修験宗 聖護院門跡　宗務総長　宮城泰年

01 —— 聖護院宸殿前の石庭

總本山
寒中

02 —— 寒中托鉢
山門を出る寒中托鉢の一行。一年の修行の始まりとされる。

03 —— 寒中托鉢　寒中托鉢では、家内安全を祈願し護符を配る。

04 —— 寒中托鉢　商店街が様変わりしても、京の伝統は変わらない。

05 —— 寒中托鉢　京銘菓、八橋の工場内で家内安全と商売繁盛を祈念する。

06 —— 寒中托鉢　市内六千軒の信徒の家を一週間かけて回る。

07 —— 節分採灯護摩　護摩供の前に行われる山伏問答。

08 —— 節分採灯護摩　山伏問答では、修行の成果が試される。

09 —— 節分採灯護摩

四方と中央、鬼門を清め、破邪のための法弓が射られる。

10 —— 節分採灯護摩　世界平和や国家安寧を祈願して、願文が朗読される。

11 —— 節分採灯護摩　民衆の祈りを込めた護摩木が火中に投じられる。

12 —— 節分採灯護摩　護摩の周囲には、聖なる場として結界が設けられている。

13 —— 節分採灯護摩　立ち上る煙とともに、祈りが天に昇っていく。

14 —— 節分豆まき　宸殿での法要の光景。

15 ―― 節分豆まき　厄年の善男善女によって鬼に豆が投げつけられる。

16 —— 節分豆まき　境内は、多くの参詣者で賑わう。

17 —— 積善院五大力　塔頭・積善院での五大力法要の日。

18 —— 積善院五大力　厳格な作法に基づき護摩木が投じられる。

19 —— 山門のしだれ桜

20 —— 葛城修行　加太の氏神である春日神社に参拝する。〈和歌山市加太〉

21 —— 葛城修行　加太の沖合い、友ヶ島の行場を目指す一行。

22 —— 葛城修行　友ヶ島の行場は、難所が連続する。

23 —— 葛城修行　友ヶ島・序品窟、胎内くぐりでの勤行。修験者はここで再生するという。

24 —— 葛城修行

虎島・観念窟を参拝し、岩場をよじ登る。

25 —— 葛城修行　紀伊水道を眺める余裕もなく、急斜面を登る。

26 —— 葛城修行　友ヶ島・閼伽井《あかい》での勤行。かつては清涼な水が湧いていたという。

27 —— 葛城修行　葛城山中の経塚での勤行。山中には法華経二十八品の経塚がある。〈和歌山県打田町倉谷山〉

28 —— 葛城修行　雲山峰への厳しい登り。雨が修験者の体温を奪う。〈和歌山県和歌山市〉

29 —— 葛城修行　中津川行者堂での採灯護摩。散杖《さんじょう》と呼ばれる二股の木による作法。〈和歌山県粉河町〉

30 —— 葛城修行　中津川行者堂での採灯護摩。護摩木を投ずる修験者。

總本山聖護

31 —— 葛城修行

行列奉行の先導で中津川行者堂へ向う一行。

32 —— 奉納された、日本一の大法螺

33 —— 聖護院の土塀と桜　門跡寺院である聖護院の瓦には、十六弁の菊の紋が使われた。

34 —— 大峰戸開式にて　深夜、大峯山寺本堂の扉の鍵を引き継ぐ年中儀礼である。〈奈良県天川村〉

35 —— 大峰戸開式にて　鍵を手にした人馬が、本堂手前の急坂を駆け上る。

36 —— 大峰戸開式にて　本堂が開かれると、参詣者が堂内になだれ込む。

37 —— 大峰戸開式にて　未明には、採灯護摩が修される。

38 —— 朝日に向かって法螺を鳴らす大峰の修験者

39 —— 大峰山黎明　遠く富士山頂を望むことができるという。

40 —— 役行者像の脇侍・前鬼　まさかりを持ち、修験道の開祖である役行者を護持する。

41 —— 祇園祭にて　行者山に参拝する。

42 —— 祇園祭にて　町屋の二階には、役行者像が安置されている。

43 —— 祇園祭にて　巡行の安全と民衆の平安を祈念する採灯護摩。

44 —— 聖護院境内の花　きりしまつつじ。

45 —— 聖護院境内の花　夾竹桃。

46 —— 聖護院境内の花　沙羅。

47 —— 聖護院境内の花　聖護院の坪庭の手水鉢に添えられた沙羅。

48 —— 聖護院境内の花　紫陽花。

49 —— 大峰奥駈修行　吉野川・柳の渡し跡での水ごり。汚濁に満ちた現世と決別し、再生するとされる。〈奈良県大淀町北六田〉

50 —— 大峰奥駈修行　入峰修行では、神社・仏閣などの霊所で読経をおこなう。吉野神社にて。〈奈良県吉野町吉野山〉

51 —— 大峰奥駈修行　銅の鳥居（国重文）での新客修行。発心門とも呼ばれ、大峰四門の第一門である。

52 —— 大峰奥駈修行　金峯山寺仁王門（国宝）をくぐる。吉野からの入峰のために、北面して建つ。

53 —— 大峰奥駈修行　金峯山寺蔵王堂での読経。修験道の根本道場として、行基菩薩が建立した。

4 —— 大峰奥駈修行　深夜に喜蔵院を出立する一行。智証大師円珍が入峰のさいに創建されたという

55 —— 大峰奥駈修行　大和国四所水分社の一つ、吉野水分神社にて。修行の成就を祈念して祓いを受ける。

56 —— 大峰奥駈修行　大峰山・山上ヶ岳を目指し、旧道の急斜面を登り続ける。

57 —— 大峰奥駈修行　奥吉野・金峰神社にて。入口に建つ大鳥居は、入峰第二門の修行門である。

58 —— 大峰奥駈修行　金峰神社から大峰山・山上ヶ岳までは、延々と悪路が続く。

59 —— 大峰奥駈修行　浄心門を過ぎると、表行場に着く。最大の難所、鐘掛岩にて。〈奈良県天川村〉

60 —— 大峰奥駈修行　表行場・鐘掛岩にて。先達が声をかけて新客の修行者を励ます。

61 —— 大峰奥駈修行

表行場・西の覗きにて。
目もくらむような断崖である。

62 —— 大峰奥駈修行　表行場・西の覗きにて。命綱があるとはいえ、半身を乗りださねばならない。

63 —— 大峰奥駈修行　大峯山寺での採灯護摩。大峰山は、全国唯一の女人禁制の地とされている。

64 —— 大峰奥駈修行　大峯山寺での採灯護摩。法螺師になるには、厳しい修行が課せられる。

65 —— 大峰奥駈修行　八経ヶ岳山頂での読経。標高は二千メートル近い。冷気が体力を奪う。

66 —— 大峰奥駈修行　釈迦ヶ岳山頂での読経。急登のあと、休む間もなく大釈迦像に礼拝する。〈奈良県十津川村〉

67 —— 大峰奥駈修行　南奥駈道を行く。聖なる山の霊力を身につけるため、山と一体となる行が続く。

68 —— 大峰奥駈修行　南奥駈道は、峰から峰へのアップ・ダウンが連続する。

69 —— 大峰奥駈修行　南奥駈道の踏み分け道を行く。霧の中、五感が研ぎ澄まされていく。

70 —— 大峰奥駈修行　南奥駈道を行く。熊野川を望む。吉野を出てから八日の行程である。〈和歌山県本宮町〉

71 —— 大峰奥駈修行　那智山参道、大門坂にて。多富気王子跡での法要。〈和歌山県那智勝浦町〉

多富気王子
九十九王子最後の
王子跡です。

72 —— 大峰奥駈修行
頭巾《ときん》、結袈裟《ゆいげさ》、梵天、螺緒《かいのお》をつけた修験者。

73 —— 大峰奥駈修行　奥駈では、熊に出くわすこともある。濃霧の中、法螺の音が響き渡る。

74 —— 聖護院庭園　東山連峰を借景にした清楚な庭園だ。

75 —— 木造智証大師円珍坐像（部分） 唐に留学し密教を学ぶ。意思の強そうな風貌が印象的である。

76 —— 木造不動明王立像（部分）

聖護院本尊。煩悩によって迷う我々を励まし、善処に導く姿を表現し

77 —— 大師講法要　天台宗第五代座主智証大師円珍の命日の法要。多くの善男・善女も参詣する。

78 —— 大師講法要　法要中に行われる散華。

79 —— 大師講の日の午後におこなわれる大般若転読法要　大乗仏教の根本聖典である大般若経６００巻の転読がおこなわれる。

80 —— 坪庭の石燈籠　火袋の側面には、地蔵菩薩が表わされている。

聖護院　庭園

山門

宸殿　上段の間／光格天皇　仮御所

宸殿　使者の間（孔雀の間）

書院《重要文化財》

◈ 聖護院の沿革

開祖・智証大師円珍。寛治四年（1090）、白河上皇の熊野三山参詣（熊野御幸）に際して、先達を務めた園城寺の増誉大僧正に聖護院を賜り、増誉大僧正は初代「熊野三山検校職」に任じられる。以後、聖護院は本山派修験道の総本山となった。

十二世紀半ば、四世として後白河天皇の皇子、静恵法親王が宮門跡として入寺。以後、明治維新まで25代が皇室より、12代が摂家より門跡として入寺した。

創建時の伽藍は、応仁の乱により焼失。岩倉の長谷に移転し再興し、足利義政が出家入寺して伽藍を整備したがこれも焼失した。その後、烏丸今出川に移るが、延宝の大火で焼失。現在の建造物は、延宝四年（1676）再建のものである。

安永八年（1779）、聖護院門跡であった祐宮は、光格天皇として即位。天明八年（1788）、御所炎上により、約三年間、聖護院が仮御所となる。安政元年（1854）の御所炎上後も、孝明天皇の仮御所となった。

◈ 聖護院の年中行事

1月1日	修正会
1月8日～15日	寒行（寒中托鉢修行） 〈市内六千軒の信徒の家を回る〉
2月3日	節分採灯護摩 〈堂内護摩、豆まき〉
2月16日	初祖忌 〈開祖増誉大僧正命日法要〉
2月23日	積善院五大力
4月上旬	葛城修行 〈葛城山中の経塚を参拝・友ヶ島修行・中津川行者堂護摩〉
5月3日	大峰戸開
6月7日	高祖会
7月16日	祇園祭役行者山護摩
9月上旬	大峰奥駈
9月23日	大峰戸閉
11月29日	大師講・大般若 〈天台宗第五代座主智証大師円珍命日法要〉

本山修験宗　聖護院《近畿三十六不動尊　第十八番霊場》

〒606-8324　京都市左京区聖護院中町　Tel.075-771-1880
第五十一代門主・本山修験宗管長　加來徳泉
◎拝観は、要事前予約

◆史跡·聖護院の文化財

建造物

- 宸殿 ………… 江戸中期。寝殿造。襖絵 狩野永納·益信筆。
- 書院 ………… 江戸中期。入母屋造。襖絵 狩野正栄筆。
- 中御殿(小書院) ………… 江戸末期。
- 北御殿 ………… 江戸中期。
- 学問所 ………… 天明八年。光格天皇学問所。

絵画

- 絹本著色熊野本地曼荼羅 ……… ■鎌倉時代。熊野十二社権現を本地仏で表現。
- 絹本著色熊野垂迹曼荼羅 ……… 鎌倉時代。熊野十二社権現を垂迹神像で描く。
- 絹本著色役行者画像 ………… 南北朝時代。前鬼·後鬼、眷属を描く。

彫刻

- 木造不動明王立像 ………… 本尊。平安時代。寄木造。
- 木造智証大師坐像 ………… 康治二年(1143)造立。三井寺沙門覚忠発願。
  仏師良成。像高84センチ。像内納入物。
  園城寺·山王院大師像を模写。
  延暦寺第五世座主。園城寺開基。空海の姪の子。
  仁寿二年(853)入唐。天安二年(858)帰朝。
  台密を集大成。寛平三年(891)、78歳で入寂。
- 木造智証大師坐像像内納入品
  - 紙本墨書円珍入唐求法目録　天安三年(859)四月十八日の円珍自筆奥書。一巻
    軸身に仏舎利を納入。錦袋、入斑竹筒添。　三点
    「此求法目録一巻謹送上
    太政大閣下
    伏奉結来縁日本天安三年歳次巳卯四月十八日僧円珎録上」
  - 紙本墨書如意輪心中心真言観　伝円珍筆。………… 一通
  - 紙本墨書智証大師像造立願文　………… 一通
    「康治二年八月十三日丁酉以佛師良成於御室戸
    令奉造写寫唐院大師御真像同十八日壬寅
    佛舎利一粒大師御筆入唐求法惣目録一巻
    并如意輪心中心真言一帋令奉入籠件
    真像中畢　願大師垂照見加護念
    世々生々為門弟同共悟无生忍矣
    三井寺沙門権大僧都覺忠記」
- 木造役行者倚像 ………… 江戸時代。寄木造。
- 木造不動明王立像 ………… 大仏間。平安時代。寄木造。
- 木造不動明王立像 ………… 宸殿。鎌倉時代。
- 木造毘沙門天立像 ………… 宸殿。鎌倉時代。

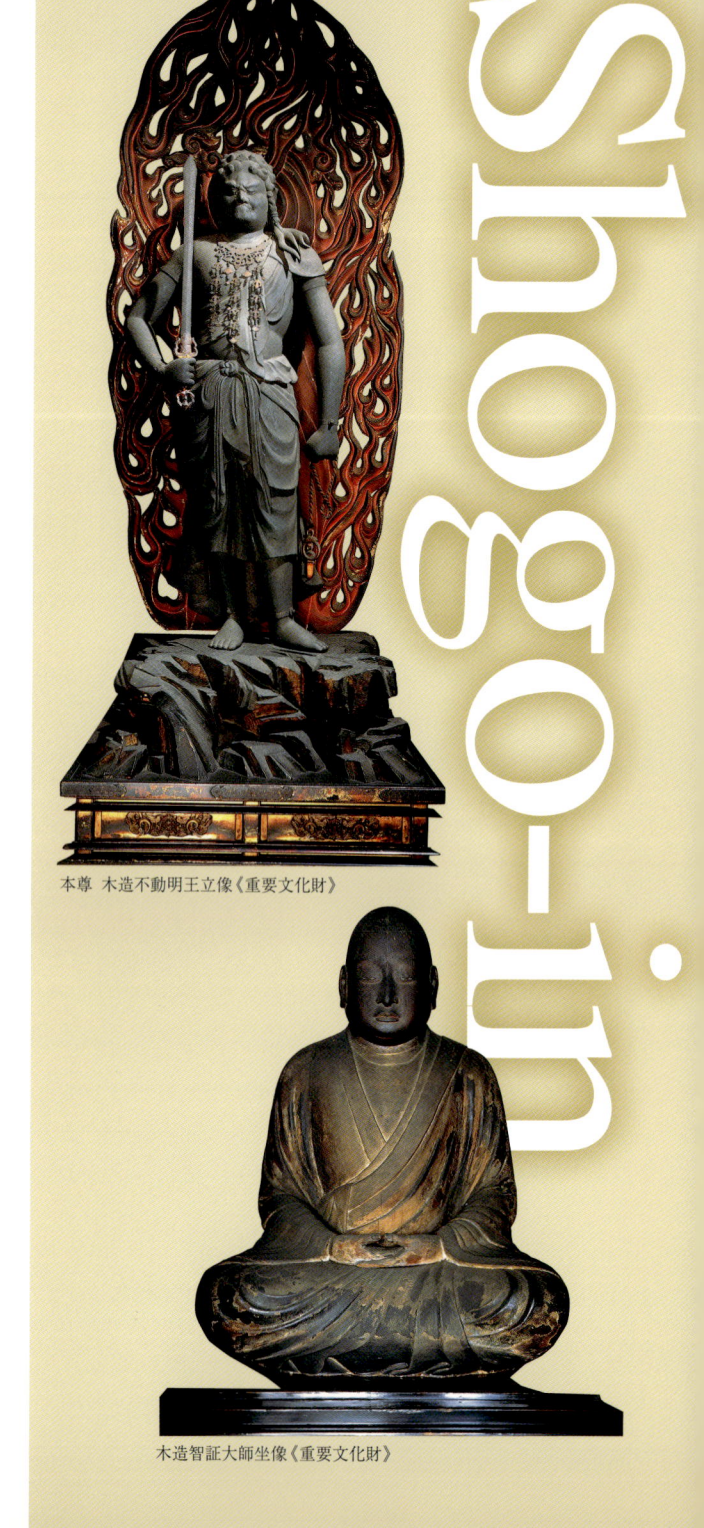

木造役行者倚像

木造不動明王立像《重要文化財》

Shogo-in

本尊 木造不動明王立像《重要文化財》

木造智証大師坐像《重要文化財》

木造智証大師坐像像内納入品

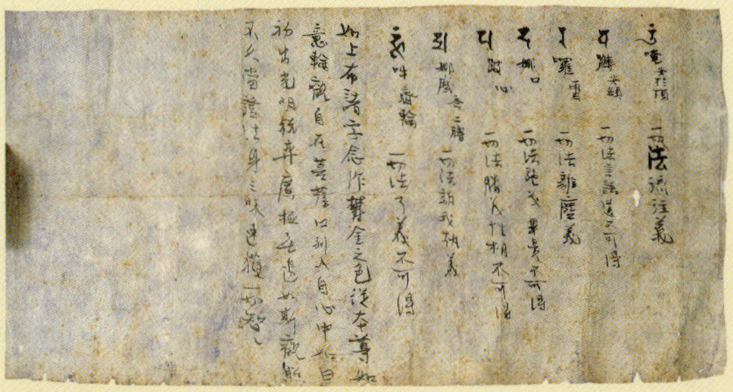

紙本墨書如意輪心中心真言観　〔伝 円珍筆〕
《重要文化財》

智證大師請来目録　〔円珍添書〕
《重要文化財》

巻頭▼

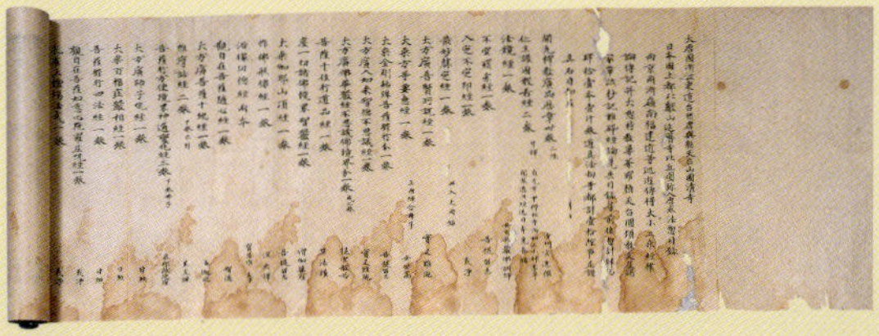

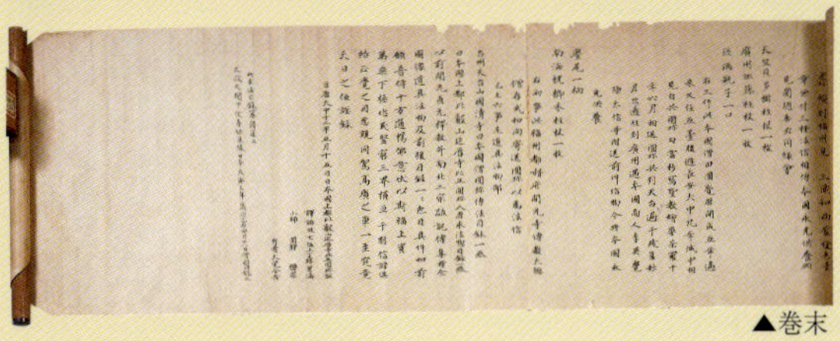

▲巻末

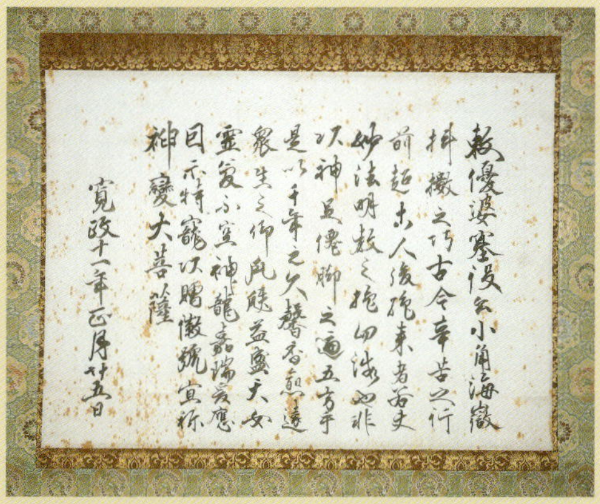

紙本墨書 光格天皇宸翰神変大菩薩諡號勅書《重要文化財》
［光格天皇　寛政十一年（1799）］

友ヶ島図巻
〔狩野法眼探幽藤原守信行行年六十歳筆〕
［萬治四年三月三日］

▲部分（中央が閼伽井）

工芸品

- 銀製透彫経箱 …………………………………………… 後陽成天皇皇子、道晃親王。
- 大法螺

書跡・典籍・古文書

- ●紙本墨書光格天皇宸翰神変大菩薩諡號勅書 ……… 寛政十一年正月廿五日。
- ●紙本墨書後陽成院宸翰御消息 ……………………… 桃山時代。初冬廿日。
- ●山城国富家殿山絵図 ………………………………… 著色。南北朝時代。

【●重要文化財／■京都国立博物館寄託】

◆参考文献

『京都府文化財総合目録』　2000年〈京都府教育委員会〉
『日本の美術10肖像彫刻』毛利久編　1967年〈至文堂〉
『日本の美術86像内納入品』倉田文作　1973年〈至文堂〉
『日本の美術238不動明王像』中野玄三　1986年〈至文堂〉
『日本の美術280仏舎利と経の荘厳』河田貞　1989年〈至文堂〉
『日本の美術331参詣曼荼羅』下坂守　1993年〈至文堂〉
『日本の美術388僧侶の肖像』梶谷亮治　1998年〈至文堂〉
『日本の美術458平安時代後期の彫刻 信仰と美の調和』伊東史朗　2004年〈至文堂〉
『日本美術全集11神道の美術』佐々木剛三・奥村秀雄編　1979年〈学習研究社〉
『原色日本の美術21面と肖像』　1971年〈小学館〉
『熊野古道』小山靖憲　2000年〈岩波新書〉
『熊野古道を歩く』宇江敏勝監修　2000年〈山と渓谷社〉
『熊野文庫4 熊野中辺路 古道と王子社』熊野路編さん委員会編　1997年
『みやまんだら』近畿日本ブックス3　近畿文化会編　1978年〈綜芸社〉
『続みやまんだら』近畿日本ブックス6　近畿文化会編　1980年〈綜芸社〉
『祈りの道～吉野・熊野・高野の名宝』大阪市立美術館　2004年
「大峰山中の信仰遺跡」入倉徳裕　『吉野仙境の歴史』　2004年〈文英堂〉
「熊野曼荼羅と修験信仰」鈴木昭英　『仏教芸術66』　1967年〈毎日新聞社〉
「大峰の信仰と美術」神山登　『仏教芸術81』　1971年〈毎日新聞社〉
「熊野信仰と美術」鈴木昭英　『仏教芸術81』　1971年〈毎日新聞社〉
「山岳信仰遺跡出土の遺物」井口喜晴　『仏教芸術168』　1986年〈毎日新聞社〉

あとがき

修験道とは何か。この答えを言葉で表すのは難しいだろう。それは修験道が「実践宗教」であることに起因している。言い換えれば、「山林抖《と》櫢《そう》」の行を通じて実践的・体験的に学ばねば解らないということである。

私はこれまで、アジア各地の取材を通じ、数多くの聖地、聖山を巡礼してきた。言葉が通じないような場所では、五感が異常に研ぎ澄まされるものだ。そして聖地と呼ばれる場所に立つと、そこには何かしら、大自然の持つ大いなる場の力を感じることができる。例えば、釈尊がブッダガヤで悟りを開いたのは、そこがブッダガヤの土地であったからこそであって、このことは大塔の周辺の世俗化した喧騒のなかから少し離れた場所に立つと実感することができる。古代よりベナレスやバーミヤンが聖地とされてきたのも、その土地の持つ聖なる力が意識されてきたことに所以する。

大峰奥駈修行の目的は、胎蔵界世界である大峰山中で、大自然への畏敬の念を感じつつ行をおこない、最後には現世へと立ち戻ること、言い換えれば、より良き生への回帰である。

そうした意味で、平成十六年におこなわれた聖護院南北奥駈道の縦走は、同行取材した私にとっても貴重な体験だった。十三日間の修行の厳しさは筆舌に尽くし難いものであったが、修験道の本質を体験させていただくことができた。

本書は、二年余りの同行取材の成果である。本来ならば短期間で出版するような内容ではないのだが、写真撮影という俗そのものの行為のために余りにも多くの方々にご迷惑をかけた。

ここに関係者のみなさんに深くお詫びするとともに、快く取材に応じていただいたことに心から感謝している。

2006年 新春　中　淳志

中 淳志 〈Naka Atsushi〉

1958年生
1981年3月　龍谷大学法学部卒
1983年4月　京都府加茂町役場に就職
1992年3月　同役場退職後フリーとなりアジアの仏教圏を中心に取材の旅を続け、現在に至る
2002年7月　アフガニスタンの仏教遺跡、バーミヤン石窟群に壁画が残存していることを報告
2003年10月　アフガニスタン・バーミヤン西方に仏教寺院を発見し、報告

個　展

1994年　個展「慈しみの大地〜インドシナ」／奈良市NHK奈良支局
1995年　個展「慈しみの大地〜母なる国ビルマ」／奈良市NTT奈良支店
1997年　個展「聖者の街」（ガンジス河の聖地バラナシ）／銀座ニコンサロン
2000年　個展「楽土再び」（チベット）／新宿ニコンサロン
2001年　個展「弥勒下生〜ガンダーラから笠置へ」／笠置町産業振興会館
2001年　個展「釈尊伝」／奈良市西大寺
2002年　個展「チベット・イン・チベット」／新宿ニコンサロンbis21
2002年　個展「チベット・アフガン」／龍谷大学
2003年　「バーミヤン石窟壁画写真展」／奈良県立万葉文化館
2004年　個展「アフガニスタン・バーミヤン西方遺跡写真展」／大阪国際交流センター　など

受賞歴

1995年　「ビルマの少年僧」にて第20回JPS展金賞（日本写真家協会）
1996〜00年　第42〜46回日本写真文化協会全国写真展入選（日本写真文化協会）
1997年　「磨崖仏の世紀」にてフォトコンテスト《古代》特別賞（島根県並河萬里写真財団）
2002年　龍谷奨励賞
2005年　日本写真学会東陽賞　など

作品集

1998年　写真集『浄瑠璃寺』（浄瑠璃寺）
2000年　写真集『当尾の石仏めぐり』（東方出版）
2001年　写真集『日本の石仏200選』（東方出版）
2002年　写真集『バーミヤン』（東方出版）

所　属／日本写真学会

連絡先／京都府相楽郡笠置町浜63
Tel.Fax.0743-95-2865

聖護院 〜大峰・葛城の行者〜

中 淳志 写真集

2006年3月27日　初版1刷発行

著　　者　中 淳志
発 行 者　今東成人
発 行 所　東方出版（株）
〒543-0052 大阪市天王寺区大道1-8-15
Tel. 06-6779-9571　Fax. 06-6779-9573
デザイン　藤田泰子／印刷夢工房（有）
印刷/製本　泰和印刷（株）

ISBN4-88591-996-7　C0072